AF369573

MADAMÉ

ADELINE COMPANS

La Foi, d'après la fresque de Raphaël, au Vatican.

MADAME ADELINE COMPANS

Dans les premiers jours de mars 1890 une noble existence s'éteignait à Bordeaux. Pour dire ce que fut la vie de Mme Compans, il suffit de raconter l'impression produite par sa mort.

Les extraits suivants en donneront quelque idée.

Citons d'abord l'*Univers*, qui écrivait dans son numéro du 5 mars :

Nous recevons de Bordeaux une douloureuse nouvelle. Mme Adeline Compans, tante, et mère par adoption de Mgr Compans, prélat de la maison du Pape, ancien vicaire général du diocèse de Bordeaux, vient de mourir en cette ville, à un âge qui permettait de croire que ce malheur serait longtemps encore épargné à l'affection des siens.

Dire ce que perdent en elle toutes les œuvres de charité serait impossible. Dieu seul sait le compte des générosités sans nombre qu'elle a semées sur sa route depuis que, veuve de bonne heure, après avoir perdu ses enfants, elle s'est appliquée à user pour Dieu de la fortune qu'Il avait mise entre ses mains. Pour cette œuvre admirable, elle s'était donné un précieux collaborateur dans ce neveu en qui se résumaient toutes ses affections de la terre, qu'elle avait élevé comme son fils, dont elle avait vu avec tant de joie éclore et se développer la vocation sacerdotale. C'est à son sujet surtout qu'elle ressentait si vivement les consolations et les amertumes dont sa vie fut traversée. Justement fière des services qu'il rendait à l'Église dans les divers postes pour lesquels — sans excepter les plus élevés — il était si bien doué, elle a souffert aussi de voir parfois son mérite méconnu par ceux-là mêmes qui devaient le mieux s'en souvenir. Mais, sans imiter toujours l'humble abnégation dont il donnait le grand exemple, — une mère en a bien le droit, — elle savait pourtant offrir à Dieu les tristesses et les désillusions comme les joies. La seule blessure qui demeurât avant dans son cœur, c'était celle qui lui venait de l'ingratitude. Grâce à la vivacité d'un caractère qui garda toujours, avec une trempe virile, l'ardeur de la jeunesse, comme elle se passionnait pour toutes les belles causes, elle se révoltait contre toute injustice ; son âme loyale ne pouvait supporter l'ombre même d'une dissimulation.

A Rome, où son neveu fut d'abord aumônier de l'armée pontificale, puis, au Concile, chargé par Pie IX d'un poste de confiance, elle connut la famille de Louis Veuillot, avec laquelle fut nouée dès lors une amitié des plus étroites. En sa maison de Bordeaux comme en sa campagne de Bassens, dont Louis Veuillot aimait les ombrages, non seulement elle se fit un honneur et une joie de recevoir le rédacteur

en chef de l'*Univers* et les siens, mais elle étendait naturelle-
ment sa bienveillance à quiconque lui était désigné comme
ami de l'*Univers*. Elle aimait à redire que, pour discerner le
dévouement à l'Église, ce lui était une pierre de touche.

C'est à ce titre qu'il nous a été donné de connaître cette
âme d'élite, et nous n'étonnerons aucun de ceux qui ont joui
de l'hospitalité si large qu'elle faisait régner autour d'elle, en
rappelant quel charme on goûtait dans l'entourage qu'elle se
plaisait à former avec les amis de son fils d'adoption. Dans ce
cercle choisi les conversations étaient animées et vives,
nourries des personnes et des choses de l'Église, à certains
jours et selon les circonstances, relevées par une pointe de
malicieuse gaieté. En même temps, sa piété comme celle de
ses hôtes s'alimentait de la présence du Saint Sacrement,
qu'elle avait obtenu la faveur d'abriter sous son toit, dans une
chapelle qu'elle avait richement décorée, avec toute la ferveur
qu'y devait mettre la zélée présidente de l'Œuvre Apostolique.
C'est tout près de ce lieu béni que, dans les dernières années
surtout, quand la maladie lui interdisait la promenade, elle
aimait à se tenir, pendant que ses doigts agiles s'occupaient
sans relâche des travaux d'aiguille, de broderie ou de tapis-
serie destinés à l'ornementation des églises ou au vestiaire
des pauvres. A ce labeur incessant, elle ne voulait être dépas-
sée par personne, et pas même par la jeune zélatrice, associée
à sa vie, qu'elle avait d'ordinaire à ses côtés. C'est ainsi
qu'après avoir contribué de sa bourse à payer au séminaire
la pension de plusieurs prêtres qui lui doivent leur élévation
au sacerdoce, elle se faisait encore leur intendante, si l'on peut
ainsi dire, pour l'amour de Jésus-Christ.

Qnand elle se reposait de cette action quotidienne, c'était
pour quelque pieuse lecture, la récitation de l'office de la
sainte Vierge, le chapelet, etc., ou quelque récréation qui

entretenait encore de bonnes causeries, ou bien encore pour la distribution des secours aux pauvres, qui lui incombait comme présidente de l'Œuvre des Dames de charité de sa paroisse. Mais, si nous ne voulions respecter sa modestie, tout en rendant hommage à sa mémoire, il faudrait entrer ici dans le détail pour donner quelque idée de ce qu'on pourrait nommer sa prodigalité. Ne comptant pas plus son temps que sa bourse, elle mettait tout en œuvre pour assurer l'exactitude du service des pauvres, auquel, de bonne heure, elle avait volontairement sacrifié les relations que son rang dans le monde semblait lui devoir imposer. Aussi s'explique-t-on qu'aux premières atteintes du mal qui devait l'enlever, quand elle voulut résigner ses fonctions de présidente, elle ait été l'objet des instances les plus pressantes en vue de les lui faire garder. Dans toutes les œuvres qu'elle menait de front, c'était vraiment un modèle d'abnégation, de vigilance et de ponctualité.

Que dire de plus, et que vaut cet éloge, en comparaison de celui qui sort de ses œuvres ? De cette grande et généreuse chrétienne aussi, selon qu'il est dit dans l'Écriture, on peut répéter que sa charité a opéré tout bien ; nouvel exemple de la femme forte, sa mémoire sera en bénédiction. Oui, en vérité, ceux dont elle a secouru la misère, ceux dont elle a soulagé l'âme et le corps, ceux dont elle a pansé les plaies et calmé les douleurs, ceux à qui si largement elle a frayé la voie vers la porte du sanctuaire, tous se lèveront pour lui rendre hommage et la proclameront bienheureuse.

Auguste Roussel.

Peu de jours après (numéro du 8 mars), l'*Univers* publiait, en outre, à propos des funérailles de

Mme Compans, la correspondance suivante, qui lui était adressée de Bordeaux :

L'*Univers* a rendu un juste hommage à la mémoire de Mme Compans. Permettez-moi d'ajouter en l'honneur de cette grande chrétienne un trait qui l'achève de peindre. Par un acte précis de ses dernières volontés, elle a disposé que toute pompe devait être exclue de ses funérailles, et que l'argent qu'on aurait employé à lui faire un service funèbre de première classe fût distribué aux pauvres. Elle a même interdit qu'aucune couronne fût déposée sur son cercueil. Néanmoins, ses funérailles ont été un vrai triomphe par l'immense concours de population qui y assistait.

Le deuil était conduit par Mgr Compans, ayant à ses côtés deux de ses plus fidèles amis : MM. l'abbé Hazera, curé doyen d'Ambarès, et M. l'abbé Louis Klingenhoffen, l'ancien et dévoué secrétaire de Mgr de Ségur. Au premier rang du clergé, qui ne comptait pas moins d'une centaine de prêtres, figuraient les deux vicaires capitulaires ; dans le cortège, toutes les œuvres et toutes les congrégations étaient représentées.

A l'église paroissiale, M. le curé de Saint-Louis n'a pu se défendre de faire en quelques mots l'éloge de la vénérée défunte, qui laisse dans la paroisse et jusque dans les murs de l'église, qu'elle contribua pour une grande part à restaurer et à orner, le souvenir d'une inépuisable charité.

D'autre part, on lisait dans l'*Aquitaine* du 7 mars :

Mardi dernier, la paroisse Saint-Louis payait un tribut suprême d'honneur et de reconnaissance à l'une de ses insignes bienfaitrices. Mme Compans s'était fait un nom parmi les grandes chrétiennes qui sont la gloire et l'appui de nos œuvres ; à la bonté généreuse, dont la nature se plaît à douer le cœur des femmes, elle joignait une rare énergie de conviction. Mme Compans était « forte dans la foi ». De là cette noble passion qu'elle garda jusqu'à la fin pour l'Église romaine et pour ceux qu'elle savait être partout, notamment dans la presse catholique, les plus tendres de ses fils et ses meilleurs soldats. On remarquait, aux obsèques de la vénérée défunte, l'affluence de prêtres et de religieux qui ne se produit que dans les deuils diocésains. Une part bien légitime de cette imposante manifestation revient au vicaire général de S. E. le cardinal Donnet.

Puissent les sympathies dont M. l'abbé Compans s'est vu l'objet dans cette douloureuse circonstance, lui dire, une fois de plus, les sentiments unanimes de ses confrères et consoler un peu sa piété filiale !

J. Callen.

La *Croix*, de Bordeaux, du 9 mars, disait de son côté :

Mardi dernier, la paroisse de Saint-Louis de Bordeaux a été témoin d'un spectacle édifiant... Un nombre considérable d'ecclésiastiques, des centaines de laïques, ainsi que plusieurs pensions et orphelinats conduisaient à sa dernière demeure la dépouille mortelle de Mme Compans, tante de M. l'abbé Compans, ancien grand vicaire.

Aucune pompe extérieure n'accompagnait ces obsèques : c'était presque le convoi du pauvre. La grande chrétienne avait voulu, jusque dans la mort, faire acte d'humilité.

Nous offrons à M. l'abbé Compans l'expression de nos plus sincères condoléances, et nous faisons des vœux pour qu'il continue parmi nous les œuvres charitables de sa vénérable tante, œuvres auxquelles il s'associait depuis si longtemps dans une si large mesure.

Citons enfin *Bordeaux-Journal* parlant du service de huitaine :

Ce matin, à neuf heures, l'église Saint-Louis offrait un beau spectacle. Une foule nombreuse et recueillie l'emplissait comme en ses grands jours de fête. Aucune pompe toutefois n'éclatait dans son enceinte, aucun chant ne retentissait sous ses voûtes ; ce n'était pas la joie qui rassemblait le peuple fidèle autour des saints autels : c'était le deuil et la reconnaissance. Au milieu de ce silence de douleur, M. Compans s'est avancé, précédé de tout le clergé de la paroisse, et il a célébré la sainte messe pour celle qu'on appelait, aux Chartrons, la *mère des pauvres*. Impossible de dire l'effet de cette messe silencieuse, au milieu de ce prosternement général, où il n'y avait de place que pour la prière.

Les communiants étaient nombreux. En d'autres jours, on s'asseyait à une autre table, où la gaieté ne présidait pas moins que l'affection : aujourd'hui que l'un des convives est déjà à la communion éternelle, il sied à ses amis de prendre place au banquet eucharistique, afin de lui faire raison, et de communier au même Dieu et par lui, l'un à l'autre, dans les deux mondes.

Les prêtres nombreux, et non des moindres, les religieuses, les pauvres, les orphelines, toutes les voix de la souffrance et de l'infortune, ont prié avec ferveur pour le repos de cette grande âme que le siècle appelait Mme Compans, mais que les anges de Dieu, la recevant dans leurs mains pleines de ses œuvres, ont nommée à leur tour la mère des pauvres.

Cette mort et ces funérailles ont été un exemple et un triomphe. Les pauvres en ont fait le plus beau cortège ; et cette absence de tout éclat trompeur, de toutes ces fleurs ridicules qui ne flattent que ceux qui vivent, au détriment des prières et des aumônes qui, seules, soulagent les morts, est une leçon à ce siècle de décadence morale.

C'est ainsi que, morte, Mme Compans parlera longtemps encore, à ceux qui l'ont connue, des choses de Dieu qui n'ont cessé d'occuper sa vie.

L'ESPÉRANCE

L'Espérance a des ailes et s'envole vers Dieu pour recevoir
la couronne des élus.
Fresque de Giotto, à Padoue. Quatorzième siècle.

« Jésus sortant du sépulcre, couronné d'honneur et de gloire
est un gage de notre résurrection. »
Fresque de Fra Angelico, à Florence, xve siècle.